L'APOLOGIE
DU SIECLE,
OU
MOMUS CORRIGÉ.
COMEDIE.

De Monsieur DE BOISSY.

NOUVELLE EDITION AUGMENTÉE,

De plusieurs Scénes du même Auteur, qui ont été joüées par les Comédiens Italiens, le 17. Septembre 1737.

Le prix est de vingt-quatre sols.

A PARIS,
Chez PRAULT pere, Quai de Gêvres au Paradis.

M. DCC. XXXVII.
Avec Approbation & Privilége du Roi.

APPROBATION.

J'AI lû par ordre de Monseigneur le Chancelier, une Comédie intitulée, *Momus corrigé. avec les augmentations.* A Paris ce 24. Septembre 1737.

Signé, JOLLY.

PRIVILEGE DU ROI.

LOUIS, par la grace de Dieu, Roi de France & de Navarre : A nos amés & féaux Conseillers, les Gens tenans nos Cours de Parlement, Maîtres des Requêtes ordinaires de notre Hôtel, Grand Conseil, Prevôt de Paris, Baillifs, Sénéchaux, leurs Lieutenans Civils & autres nos Justiciers qu'il appartiendra, SALUT. Notre bien amé PIERRE PRAULT, Libraire & Imprimeur à Paris, nous ayant fait remontrer qu'il lui auroit été mis en main plusieurs petits ouvrages qui ont pour titre *les Etrennes, ou la Bagatelle*, & autres Piéces de Théatre du Sieur de Boissy, qu'il souhaiteroit imprimer ou faire imprimer & donner au Public, s'il nous plaisoit lui accorder nos Lettres de Privilege sur ce nécessaires ; offrant pour cet effet, de les faire imprimer en bon papier & beaux caracteres, suivant la feüille imprimée & attachée pour modele sous le contre-scel des Presentes. A CES CAUSES, voulant traiter favorablement ledit Exposant, Nous lui avons permis & permettons par ces Presentes, de faire imprimer lesdites Piéces ci-dessus specifiées, en un ou plusieurs volumes, conjointement ou separément, & autant de fois que bon lui semblera, sur papier & caracteres conformes à ladite feüille imprimée & attachée sous notredit contrescel ; & de les vendre, faire vendre & debiter par tout notre Royaume, pendant le tems de *six* années consecutives, à compter du jour de la datte desdites Presentes. Faisons défenses à toutes sortes de personnes, de quelque qualité & condition qu'elles soient, d'en introduire d'impression étrangere dans aucun lieu de notre obéïssance ; comme aussi à tous Libraires, Imprimeurs & autres, d'imprimer, faire imprimer, vendre, faire vendre, debiter ni contrefaire lesdits Livres ci-dessus exposés, en tout ni en partie, ni d'en faire aucuns extraits, sous quelque prétexte que ce soit, d'augmentation, correction, changement de titre, ou autrement, sans la permission expresse & par écrit dudit Exposant, ou de ceux qui auront droit de lui, à peine de confiscation des Exemplaires contrefaits, de quinze cens livres d'amende contre chacun des contrevenans, dont un tiers à Nous, un tiers à l'Hôtel-Dieu de Paris, l'autre tiers audit Exposant, & de tous dépens, dommages & interests ; à la charge que ces Presentes seront enregistrées tout au long sur le Registre de la Communauté des Libraires & Imprimeurs de Paris, dans trois mois de la datte d'icelles ; que l'impreſſion de ces Livres ſera faite dans notre Royaume & non ailleurs ; & que l'Impetrant ſe conformera en tout aux Reglemens de la Librairie, & notamment à celui du 10 Avril 1725. & qu'avant de les expoſer en vente, les manuſcrits ou imprimés qui auront ſervi de copie à l'impreſſion deſdits Livres, ſeront remis dans le même état où les Approbations y aura été données, ès mains de notre très-cher & feal Chevalier, Garde des Sceaux de France, le Sieur Chauvelin, & qu'il en ſera enſuite remis deux exemplaires dans notre Bibliotheque publique, un dans celle de notre Château du Louvre, & un dans celle de notredit très-cher & feal Chevalier Garde des Sceaux de France, le Sieur Chauvelin ; le tout à peine de nullité des Preſentes : Du contenu deſquelles, vous mandons & enjoignons de faire joüir l'Expoſant ou ſes ayans cauſe pleinement & paiſiblement, ſans ſouffrir qu'il leur ſoit fait aucun trouble ou empêchemens : Voulons que la copie deſdires Preſentes, qui ſera imprimée tout au long au commencement ou à la fin deſdits Livres, ſoit tenuë pour dûëment ſignifiée, & qu'aux copies collationnées par l'un de nos ames & féaux Conſeillers & Secretaires, foi ſoit ajoûtée comme à l'original : Commandons au premier notre Huiſſier ou Sergent, de faire pour l'execution d'icelles, tous Actes requis & néceſſaires, ſans demander autre permiſſion, & nonobſtant clameur de Haro, Chartre Normande, & Lettres à ce contraires : CAR tel eſt notre plaiſir. DONNE' à Paris le trente uniéme jour du mois de Janvier, l'an de grace mil ſept cens trente trois, & de notre Regne le dix-huitiéme. Par le Roi en ſon Conſeil. *Signé*, SAINSON. Et ſcellé du grand Sceau de cire jaune. Et au dos eſt écrit :

Regiſtré ſur le Regiſtre VIII. de la Chambre Royale des Libraires & Imprimeurs de Paris, N°. 487. *Fol.* 466. *conformément aux anciens Reglemens, confirmés par celui du* 28 *Fevrier* 1723. *A Paris le premier Février* 1733. *Signé*, G. MARTIN, *Syndic*.

L'APOLOGIE DU SIECLE,
OU
MOMUS CORRIGÉ.
COMEDIE.

ACTEURS.

MOMUS.
UNE ACTRICE.
PHILINTE.
L'INDIFERENT.
LE GENIE DU SIECLE.
TERPSICORE.

La Scene est au Théatre de la Comedie Italienne.

L'APOLOGIE
DU SIECLE,
OU
MOMUS CORRIGÉ.
COMEDIE.

SCENE PREMIERE.
MOMUS, UNE ACTRICE.
L'ACTRICE.

UOY! Momus, le Soutien de notre Comedie,
Porte, au lieu de Marotte, un Bouquet à la main?
Son chef n'est plus orné du bonnet Calotin?

A ij

L'APOLOGIE DU SIECLE,
MOMUS.
Ce changement vous notifie,
Qu'à fronder deſormais je ne ſuis plus enclin.
L'ACTRICE.
Mais, quel eſt donc votre deſſein?
MOMUS.
De faire ici l'Apologie....
L'ACTRICE.
De Qui?
MOMUS.
De tout le genre humain.
L'ACTICE.
Oh! Ce ſera, je le parie,
La Critique du Siécle, avec art traveſtie,
Sous les traits adoucis d'un éloge malin.
MOMUS.
Non, j'abjure la raillerie,
Et je pretens loüer de bonne foy.
L'ACTRICE.
Allons, Seigneur, vous vous moquez de moi;
On ſçait que vous aimez à rire,
Et l'encens de Momus eſt un trait de Satire.
MOMUS.
Depuis, qu'en bien, tout le Monde eſt changé,
Sçachez que je ſuis corrigé.
De la douceur que je reſpire,

COMEDIE.

Ces fleurs sont un garant qu'on ne peut contredire,
La Critique n'est plus de saison ;
Et le Siécle vit de façon,
Qu'il ne convient plus d'en medire.
Il fait voir tant d'esprit, de candeur, de raison,
Qu'en dépit qu'on en ait, il faut bien qu'on l'admire.
Plein de sagesse, exempt d'abus,
Des ridicules, d'injustices,
Il m'oblige à changer d'humeur & d'attributs.
A l'avenir je ne dois plus
Faire la satire des Vices,
Que par l'éloge des Vertus.

L'ACTRICE.

Je me rends à ce trait, vous n'estes plus caustique.

MOMUS.

Les bonnes mœurs du tems m'ont rendus pacifique.
Je vois tout par le beau côté ;
Et, de tous les Auteurs, je veux être imité.

L'ACTRICE.

Mais jamais au panégirique,
Ces Lieux ne furent consacrés ;
Et, de tout tems, sur la Critique,
Nos revenus sont assurés :
Sans elle, serviteur au Théatre Italique.

MOMUS.

Elle ne fait que l'avilir,
Et ce n'eſt qu'en loüant qu'on le peut annoblir.
L'ACTRICE.

Seigneur, tel eſt notre malheur extrême.
Nous ne pouvons, au tems preſent
Attirer à nos jeux Paris, qu'en l'amuſant,
Ni l'amuſer qu'aux dépens de lui-même.
MOMUS.

Madame, c'étoit bon jadis
Que le Public rioit ſans entendre fineſſe ;
Mais aujourd'huy qu'il eſt des plus polis,
Et que le moindre trait allarme ſes eſprits,
Et choque ſa delicateſſe ;
Que les portraits par lui ne ſont ſaiſis,
Que pour les commenter contre l'Auteur ſans ceſſe ;
Et qu'il les blâme, après les avoir applaudis,
La Critique eſt funeſte, & je vous l'interdis.
L'ACTRICE.

C'eſt vouloir nous ôter notre reſſource unique :
De tout Poëte dramatique,
Songez qu'elle eſt, Seigneur, le véritable lot.
Il la profeſſe en ſage, & non pas en cinique ;
S'il fronde la ſotiſe, il épargne le ſot :
Ménageant, avec art, ſon pinceau ſatirique,

COMEDIE.

Il peint le Siécle entier des plus fortes couleurs,
Sans défigner perfonne, & fans noircir les mœurs,
Il fait par fes Ecrits la cenfure publique
Sous des noms empruntés, & des traits generaux;
Et comme en un miroir, dans ce tableau critique,
Sans en être offenfé, chacun voit fes défauts.

MOMUS.

Les applications font toûjours dangereufes,
Et font naître fouvent des difputes fâcheufes;
Ecrivons pour la paix, non contre le répos.
Pour plaire fagement, & fans qu'on nous redoute,
    Je veux, dans ce jour, effaïer
De tracer au Théatre une nouvelle route,
    Et d'y loüer fans ennuïer.

L'ACTRICE.

Cariere difficile, & délicat metier!

MOMUS.

J'efpere la remplir.

L'ACTRICE.

    Permettez que j'en doute.

MOMUS.

Allez, j'aurai toûjours l'honneur de la frayer.

L'ACTRICE *en s'en allant.*

Par la loüange vouloir plaire!
Le feul projet à lieu de méfraïer;
Nous fommes ruïnés, fi Momus eft fincere.

SCENE II.

MOMUS, PHILINTE.

PHILINTE.

SEigneur, je viens pour vous prier
De me venger.
MOMUS.
De qui ?
PHILINTE
De l'Univers entier.
Contre lui, répandez un torrent d'Epigrammes :
Tirez à bout portant. Morbleu, point de quartier ;
Déchirez, à l'envi, les hommes & les femmes.
MOMUS.
Que vous a fait le Siécle ? & par quelles raisons
Excite-t'il chez vous une pareille rage ?
PHILINTE.
Parce qu'il est méchant de toutes les façons.
MOMUS.
Parlez plus poliment du Siécle où nous vivons.
PHILINTE.
Quoy ! Vous voulez que je menage
Un Siécle si fripon ?

COMEDIE.
MOMUS.
Corrigez ce langage,
Le terme de Fripon n'eſt plus du bel uſage.
Il revolte l'oreille en ce tems épuré
Où chaque mot qu'on dit doit être meſuré.
La politeſſe veut....
PHILINTE.
Ah! Ventrebleu, j'enrage,
Je ne trouve, en Amour, que des cœurs ſcelerats;
En amitié, que des ingrats.
On me gruge au palais; au jeu, l'on me friponne,
Et l'on me vole à la maiſon.
Chez le Traiteur, on m'empoiſonne,
Et vous ne voulez pas, contre toute raiſon,
Que je traite aujourd'hui le Siécle de Fripon?
MOMUS.
Groſſierement pourquoi le dire,
Quand, par des correctifs, vous pouvez l'adoucir?
PHILINTE.
Oh! Commencez donc par m'inſtruire;
Qu'eſt-ce qu'un correctif? Vous me ferez plaiſir
De m'expliquer le ſens de ce mot qui m'arrête.
MOMUS.
C'eſt l'art, à le bien definir,
De faire tout paſſer par le tour qu'on lui prête,
Et de choiſir toûjours le nom le plus honnête.

PHILINTE.
Pour m'enseigner cet art où vous semblez primer,
Apprenez-moi d'abord comment je dois nommer
  Une Friponne, une Coquette,
Dont la bouche me jure un amour sans égal,
Et qui, l'instant d'après, me trahit en cachette,
  Et favorise mon rival?
MOMUS.
  Mais on la nomme une femme ordinaire,
Qui suit le train du monde, & qui, faite pour plaire,
A l'esprit de joüir des droits de sa beauté.
PHILINTE.
C'est donner un beau masque à l'infidelité.
Et l'ami déloyal qui m'enleve la Belle,
  Et qui m'emprunte mont argent
  Pour triompher de l'infidelle,
Comment l'appelle-t'on, en ce siécle charmant?
MOMUS.
  Un ami foible, & que l'amour emporte :
On doit avoir pitié d'un homme de la sorte.
PHILINTE.
  Momus est bien compatissant.
Et de quelle façon est-ce qu'il qualifie
Un Procureur avide, & qui, sans modestie,
  De toutes mains reçoit double valeur,

COMEDIE.
Et qui me vend à ma Partie ?
MOMUS.
Mais je l'appelle un Procureur.
PHILINTE.
Un Chevalier de l'induſtrie,
Qui de filer la carte oſe profeſſer l'art ?
MOMUS.
Un habile Joüeur qui fixe le hazard.
PHILINTE.
Un valet qui me vole avec effronterie,
Et qui vend mes habits ſans ma permiſſion ?
MOMUS.
Un pauvre diable qui s'oublie,
Entraîné par l'occaſion.
PHILINTE.
Un pareil diſcours m'édifie ;
On ne peut pas, ſur ſa friponnerie,
Excuſer un coquin en termes plus civils.
Et celui qui parvient, des emplois les plus vils,
A des poſtes d'honneur qu'il arrache au mérite
Par une voye oblique & des détours ſubtils ?
MOMUS.
Le modele parfait de la bonne conduite,
Qui, devenu ſon propre créateur,
Du fond de ſon néant a tiré ſa grandeur.

L'APOLOGIE DU SIECLE,
PHILINTE.
Peste ! Quel éloge sublime !
Et celui qui voilant le noir dessein qu'il a,
Répand malignement un libelle anonime,
Contre son concurrent qu'il supplante par là?
MOMUS.
Un politique adroit, qui croit tout legitime
Pour arriver au but où tendent ses desirs.
PHILINTE.
Pour finir, en un mot : Comment est-ce qu'on nomme
L'animal vicieux, esclave des plaisirs,
Qui manque à tous ses devoirs?
MOMUS.
L'Homme
Le plus puissant de tous, & des autres le Roi,
Formé pour imposer, non pour subir la loi.
PHILINTE.
En ce siécle pervers, voilà comme l'on donne
De favorables noms aux vices triomphans ;
Par ces beaux correctifs & ces tours éloquens,
Tout crime est excusé, toute action est bonne,
Et l'on ne trouve plus de mal honnêtes gens.
Moi, qui ne puis souffrir ce jargon qui m'irrite,
Je parle à découvert contre les mœurs du temps,
Et je donne à chacun le vrai nom qu'il mérite.

COMEDIE.

J'appelle une Maîtresse, au maintien hypocrite,
Qui me trompe sous-main en feignant de m'aimer,
Une coquette insigne, & qu'on doit enfermer :
  Et mon ami qui l'a séduite,
Un perfide, un ingrat digne d'être noyé.
Un valet qui me vole, un scelerat à pendre ;
Un Procureur qui prend sans jamais rendre,
  Un fripon privilegié.
Un Chevalier qui fait commerce de joüer,
  Pour escroquer & filouter l'espece,
  Est un Gentilhomme à cloüer
Sans quartier, sur la table où brille son adresse.
Un homme qui parvient à des emplois brillans
  Par la bassesse & le pillage,
Un piéplat qui devroit conduire l'équipage
  Dont il occupe le dedans.
  Celui de qui la noire calomnie
Va semer contre nous des écrits clandestins,
  Et nous couvre d'ignominie,
  Le plus affreux de tous les assassins
Qui nous ravit l'honneur bien plus cher que la vie.
Le Roi des animaux est le pire de tous,
Et ce siécle, celui des travers les plus fous.
  Momus enfin, Momus qui justifie
  Ce que notre Age a de plus odieux,

Est le dernier de tous les Dieux ;
Et, par sa lâche flaterie,
Cent fois plus bas, plus méchant à mes yeux
Que les mortels qu'il justifie.
Adieu. Ton seul aspect me chasse de ces lieux,
Vil apologiste du vice :
Va, qui prend sa défense, en devient le complice.

MOMUS *l'arrêtant.*

Arrêtez-vous. Je ne souffrirai pas
Que vous partiez avec l'idée injurieuse
Qu'a du siécle & de moi votre ame furieuse.

PHILINTE.

Crois-tu donc me convaincre en retenant mes pas?

MOMUS.

Entre notre Age & vous je veux me rendre arbitre,
Et devenir, en vertu de ce titre,
De tous vos differends le pacificateur.

PHILINTE.

Moi ! je récuse un tel médiateur.

MOMUS.

J'ai des moyens si bons à vous déduire,
Que vous allez me croire, & dompter ce transport.

PHILINTE.

Mais lorsque j'ai raison, comment peux-tu détruire......

COMEDIE.
MOMUS.
Oui, vous avez raison ; mais nous n'avons pas tort.
PHILINTE.
Ventrebleu ! Ce discours est digne qu'on l'admire.
MOMUS.
Vous allez en tomber d'accord.
Prêtez-moi seulement une oreille docile.
PHILINTE.
Pour la rareté du fait, soit ;
J'écoute, & je suspens ma bile.
S'il se tire de là, je le tiens pour adroit.
MOMUS.
Votre plainte, Monsieur, est d'abord légitime :
Des mauvais procedés dont on est la victime,
    Les exemples sont familiers ;
Mais du siécle, après tout, ils ne sont pas le crime,
    C'est celui des particuliers.
De quelques faux amis qu'on se trouve la duppe,
    De la fureur qui nous occupe,
    Tout l'Univers devient l'objet ;
Nous nous prenons à lui du bien que l'on nous ôte,
Et nous ne songeons pas que c'est souvent la faute
    Du mauvais choix que notre cœur a fait.
PHILINTE.
Ce raisonnement là me frappe,

Je puis bien être dans le cas.
MOMUS.
Par ce difcours qui vous échape,
De votre erreur vous convenez tout bas ;
Le fiécle, à cet égard, n'eft donc plus fi blâmable?
Dans l'aveugle tranfport qui vous l'a peint coupable,
Vous le voyiez en laid, & dans fon vilain jour :
Par un efprit plus doux, & d'un oeil équitable,
Voyez-le en beau, Monfieur, à votre tour.
La Juftice jamais fut-elle mieux renduë,
Et l'Univers mieux policé ?
La verité fut-elle mieux connuë ?
Plus loin, dans la Nature, a-t'on jamais percé ?
Jamais la Nation fut-elle plus polie ?
Le Commerce plus fûr, & la Societé
Plus charmante & plus accomplie?
La Grace au Sçavoir s'y marie,
L'Agrément à l'utilité,
La Bien-féance à la Commodité.
A l'Enjoument la Nobleffe eft unie,
Et l'Elegance à la folidité.
C'eft le Siécle du Goût, titre bien merité !
Et, s'il a fes défauts comme les autres Ages,
Convenez, avec moi, qu'ils font bien compenfés ;
Et que, par tous fes avantages,

Il

COMEDIE.

Il enchérit en bien sur les siécles passés.
PHILINTE.
Ce portrait, quoique favorable,
Est conforme à la verité.
J'ai trop crû la fureur dont j'étois agité;
J'ouvre les yeux, je sens qu'il est plus raisonnable
De voir tout, ici-bas, par le plus beau côté.
MOMUS.
D'un si sage retour que je suis enchanté!
Notre Age n'a pas tort, j'ai sçû vous en convaincre;
Consentez donc que Momus, aujourd'hui,
Vous réconcilie avec lui.
PHILINTE.
Je le veux de bon cœur. On est sûr de me vaincre
Dès qu'on me montre la raison.
MOMUS.
Vous avez l'esprit droit, vous avez le cœur bon.
Allez, joignez, plein d'une ardeur nouvelle,
Au fonds de probité qui vous est naturelle,
Trois couches de vernis de ce siécle poli,
Et vous serez, Monsieur, un mortel accompli.
PHILINTE.
Je cours mettre à profit le conseil qu'on me donne,
Mettre d'accord en ma personne
L'homme du siécle avec l'homme d'honneur;
Sans nuire à la franchise, orner l'exterieur;

B

L'APOLOGIE DU SIECLE,

Joindre par un noble aliage
Aux vertus du vieux tems, les vertus de notre âge;
La dépoüillant de son austetité,
Rendre agréable la sagesse,
Et faire aimer la probité
Sous les traits de la politesse.

SCENE III.

MOMUS, L'INDIFFERENT.

L'INDIFFERENT.

JE viens d'entendre vos discours,
Seigneur Momus, qu'ils m'ont fait rire !
Vous serez le même toujours
En eloge comme en satyre.

MOMUS.

Comment donc? Que voulez-vous dire?

L'INDIFFERENT.

Que votre esprit, par de subtils détours,
Sçait adroitement se conduire !
Mais tout le monde, cher Momus,
De ce Proselite credule
Ne suivra pas le sot abus ;

En entrant, en fortant je l'ai vû ridicule.
MOMUS.
De quel abus le taxez-vous ?
Il reconnoît fon injuftice.
L'INDIFFERENT.
Premierement, je blâme le courroux
Qu'il a fait éclater fi fort contre le vice.
MOMUS.
Il en eft revenu.
L'INDIFFERENT.
Par un autre caprice
Qui doit le mettre au rang des fous.
MOMUS.
Comment ?
L'INDIFFERENT.
D'une autre erreur fur le champ adoptée
Vous avez rempli fon efprit ;
Cette victoire remportée
Doit établir votre crédit.
MOMUS.
Quoi ! Vous riez d'un galant homme
Qui connoît fes défauts, & veut s'en corriger ?
L'INDIFFERENT.
Oui, c'eft ainfi que votre orgüeil le nomme,
Mais ce n'eft pas ainfi que l'on en doit juger.

MOMUS.
Et quelle idée est donc la vôtre ?
Il blâmoit tout le monde, & j'ai sçû lui prouver
Qu'il est beaucoup de gens que l'on doit approuver.
Vers lequel penchez-vous ?

L'INDIFFERENT.
Ni vers l'un, ni vers l'autre.

MOMUS.
Oh, oh !

L'INDIFFERENT.
L'indifference est le meilleur parti.
Irai-je me fâcher contre un plat personnage,
Et lui donner un démenti
Sur toutes les vertus qu'il croit son apanage ?
Si le Sort à quelqu'un enfin a départi
De rares qualités un brillant assemblage,
Irai-je en l'admirant me croire anéanti ?
Et le loüer d'un bien qui n'est pas son ouvrage ?
Car, Seigneur, en naissant chacun porte son lot.
Foibles joüets de la nature,
Chacun vient risquer l'avanture
D'être bien ou mal fait, spirituel ou sot,
Et nous ne nous formons l'esprit ni la figure.

MOMUS.
Mais l'éducation dompte le naturel,

Et fait souvent en nous un changement extrême.
L'INDIFFERENT.
Ce changement est superficiel :
Puisqu'il faut, jusqu'au bout, vous prouver mon sistême,
Elle avance fort peu par tous ses vains efforts ;
Elle a beau plâtrer les dehors,
Notre fonds est toujours le même.
MOMUS.
Mais je soûtiens que son secours,
Qu'à tort vous peignez inutile,
Fait des merveilles tous les jours.
L'INDIFFERENT.
Oui, sur un naturel fertile ;
Vraiment, je n'en doutai jamais,
Puisqu'il sort de ses mains heureuses,
Aussi brillant, aussi poli,
Que de la main d'un Artiste accompli,
Sortent les Pierres précieuses.
Oui, je conviens qu'il faut des soins au naturel,
Au bon, car au mauvais, ce sont peines perduës.
MOMUS.
Convenez donc qu'aussi les loüanges sont dûës
A ceux qui l'ont reçû du Ciel.

L'APOLOGIE DU SIECLE;

L'INDIFFERENT.

C'est justement ce que je nie.
J'en reviens à mon premier point.
Que l'on possede un mince, ou bien un grand genie.
Je ne méprise pas, mais je n'admire point.
Un malheureux, à qui la Nature cruelle
A même refusé sa plus simple faveur,
En est assez puni par la douleur mortelle,
Que lui cause en secret cet excès de rigueur
  Qui l'avilit à ses yeux-même,
Sans que j'aille ajoûter encor à son malheur,
En l'accablant du poids de mon mépris extrême,
  Et le perçant d'un ris moqueur :
Un triomphe si bas, & qu'on obtient sans peine,
Déshonore l'esprit, & fait outrage au cœur;
  Alors, plus la victoire est pleine,
Plus son éclat honteux dégrade le vainqueur.
  Quant à celui sur qui le sort propice
  A liberalement versé
Tous les dons seducteurs qu'accorde son caprice,
  N'en est-il pas assez recompensé
Par ces mêmes presens de son étoile heureuse,
  Et la comparaison flateuse
Qu'il fait de son mérite avec celui d'autrui ?
  Il sent trop bien ce mérite suprême,

COMEDIE.

Et nous devons nous repofer fur lui
Du foin de s'applaudir lui-même.
MOMUS.
Souffrez que je vous dife ici...
L'INDIFFERENT.
Adieu. Vous me feriez un difcours inutile ;
Dans mon opinion je fuis toujours tranquile.
Admirer, eft d'un fot ; fronder, d'un étourdi ;
Refter neutre, d'un homme fage ;
Et je m'en tiens à ce dernier parti,
Sans vous en dire davantage.

SCENE IV.

MOMUS, LE GENIE DU SIECLE.

LE GENIE.

SEigneur, je viens vous éclairer,
Et vous fervir de conducteur moi-même
Dans la carriere où je vous vois entrer.
Comme le monde a changé de fiftême,
Et qu'étant mal inftruit, vous pourriez exalter
Ce qui n'eft plus digne de l'être,
Ou taire ce qu'il faut vanter,
Il eft bon, en ce jour, de vous faire connoître

L'esprit qui le gouverne, & qu'on doit consulter.

MOMUS.

C'est m'obliger très-fort ; mais daignez, je vous prie,
M'apprendre votre nom avec vos qualités ?

LE GENIE.

Du Siécle, en moi, vous voyez le genie :
Remplissant l'univers de nouvelles clartés,
J'ai des vieux préjugés vaincu la tyrannie ;
De nos ayeux bornés corrigé les abus ;
  D'une constance ridicule
Affranchi les Amours qui ne soupirent plus ;
Dégagé l'amitié des devoirs superflus ;
 La probité, du poids d'un vain scrupule,
  Et j'ai créé d'autres vertus.

MOMUS.

 Cette reforme est des plus belles ;
On fait tout ce qu'on veut quand on a de l'esprit.
Mais les vieilles Vertus n'ont donc plus de crédit ?

LE GENIE.

Non. J'ai sur leur ruine établi les nouvelles.
 Ces contrôleuses éternelles
Etoient dures à vivre, & d'un sot entretien.

COMEDIE.
MOMUS.
De m'avertir vous faites bién ;
Car j'aurois, dans mon ignorance,
Loüé bêtement la Constance,
La Candeur, la Fidelité,
La Modestie & la Franchise,
La Bonne-Foi, l'Integrité.
LE GENIE.
Vous auriez fait une insigne méprise.
Apprenez, qu'aujourd'hui, la Candeur est sottise ;
La Constance fadeur, ou défaut d'agrémens ;
La Modestie, un vice des plus grands,
Qui par la crainte qu'elle excite,
Oste la grace, étouffe les talens,
Et fait souvent un sot d'un homme de merite ;
La Bonne Foi produit les plus petits esprits,
Qui n'osant s'écarter de la marche commune,
Ne font jamais un pas vers la Fortune ;
L'Integrité, des gens durs, impolis,
Sur qui ne peuvent rien les parens, les amis,
Et qui refusent tout aux Dames ;
La Franchise, des étourdis ;
Et la Fidelité fait les plus sottes femmes.
MOMUS.
J'ouvre les yeux & suis de votre avis.
Ces vertus-là ne sont pas de commerce.

LE GENIE.
Voilà pourquoi je les proscris,
Et ne veux plus qu'on les exerce.
Je leur substituë, en ce jour,
L'Inconstance, qui de l'amour
Fait un amusement aulieu d'un esclavage,
Et rend illustre une aimable volage.
La juste Défiance, au cœur toujours couvert,
Qui sçait se déguiser sous un maintien ouvert,
Et qui désigne un homme sage.
La Bonne Opinion, ferme dans tous ses pas,
Qui porte & met en jour le merite qu'elle aide,
Qui fait briller l'esprit que l'on possede,
Et paroître souvent celui que l'on n'a pas.
La douce Politesse, & l'exacte Décence
Que suivent les égards si respectés en France
Qui parent les dehors sans gêner les désirs,
Et leur servant de voile, augmentent les plaisirs.
La Coquetterie attrayante,
Au souris fin, au regard seducteur,
Pour mieux plaire toujours décente,
Se couvrant à demi d'un vernis de pudeur,
Animant la beauté qu'elle rend plus piquante,
Qui répand ses attraits jusques sur la laideur,
Et forme, en épuisant son pouvoir enchanteur,
La femme du grand monde, ou la femme charmante.

La fine Politique, & le Manége adroit,
  Epoux clandestin de l'Intrigue,
Ami des Souterrains, & pere de la Brigue,
Qui cache, d'un rideau que personne ne voit,
L'art de tout applanir, & l'utile science
D'aller à la Fortune avec rapidité,
  Et d'une main que conduit la prudence,
D'arracher ses faveurs avec impunité ;
C'est ce Manége enfin qui compose l'essence
Du Genie élevé, de l'esprit transcendant,
Qui franchit la barriere, & qui vole au plus grand.

MOMUS.

Oh, voilà pour le coup les vertus à la mode.
La morale en est douce, & l'usage commode.

LE GENIE.

C'est l'agrément joint à l'utilité,
  Qui fait les vertus véritables ;
  Les miennes, douces & traitables,
  Ont cette double qualité ;
  Et, faites pour l'humanité,
  Sont utiles autant qu'aimables.

MOMUS.

Elles auront nombre de partisans.

LE GENIE.

Pour mieux prouver mon avantage

L'APOLOGIE DU SIECLE,

Sur la fagesse du vieux tems,
Examinons son plus parfait Ouvrage.
Quels sont ces Sages renommés,
Ces mortels si parfaits que ses mains ont formés ?
Des hommes singuliers, des esprits indociles,
Des misantropes noirs, des censeurs difficiles,
Qui trouvent tout mauvais, & ne sont bons à rien ;
Des vains déclamateurs, en maximes fertiles,
Parés du nom de gens de bien,
Et Citoyens très-inutiles ;
S'ils sont dans l'indigence, ils le méritent bien.
Quels sont presentement ceux que je favorise,
Et que j'ai pris soin de polir ?
Des hommes accomplis que tout le monde prise,
Qui joignent l'art de plaire à l'art de s'agrandir,
Propres à tout, alliant les contraires,
Amusans dans un cercle, utiles à l'Etat,
Papillons en amour, Aigles dans les affaires,
Polis dans le commerce, & vaillans au combat ;
Comblés de gloire, ils sont dignes de leur éclat.

MOMUS.

A ces derniers que je préfere,
Je donne, en ces instans, le prix sans balancer :
Ils sont riches, brillans, le sort leur est prospere.
Ce sont-là les Héros que je dois encenser ;

COMEDIE.

Et c'est à vous que je veux plaire.
Sur la vertu, quoique je la revere,
Je me tairai, de peur de m'oublier.

LE GENIE.

A ses dépens Momus peut s'égayer.
Gotique comme elle est, chacun vous l'abandonne.

MOMUS.

Mais mon métier est d'approuver.

LE GENIE.

Attaquez-la, Seigneur, vous n'offensez personne.

MOMUS.

J'offense tout le monde, & je vais le prouver.

LE GENIE.

Oh! Cette saillie est fort bonne!
On vous défend d'être malin,
Vous déguisez la pente où vous êtes enclin,
Et vous sauvez par l'ironie ;
J'applaudis de bon cœur à ce trait de génie ;
Et vous prenez le bon chemin.

MOMUS.

Moi! Je ne raille point, quoique vous puissiez dire ;
Penser ainsi de moi, c'est vouloir me détruire,
Car qu'est-ce qu'un railleur ? Un esprit sans égard,
Qui ne respecte rien, qu'on fuit de toute part ;

Haï de la moitié du monde qu'il déchire,
Et craint ou méprisé de l'autre qu'il fait rire.

LE GENIE.

Vous peignez un cauſtiſque, & non un fin railleur ;
Songez que le plus ſage eſt quelquefois rieur.
Avec raiſon, Paris s'offenſe
Qu'on fronde ouvertement & par profeſſion ;
Mais il eſt très-permis en France
De railler joliment & par occaſion.
Vous pouvez, en faiſant la juſte apologie
Du goût du ſiecle & de ſes mœurs,
Vous pouvez en paſſant contre tous ſes frondeurs,
Exercer votre raillerie:
Décochez-leur vos traits, mais d'une main polie.

MOMUS.

La mienne eſt mal adroite, & pourroit les meurtrir.
Pour loüer, volontiers, je ſuis prêt d'obéïr,
Car j'en ai fait un ſerment autentique
Pour mon repos & pour mon bien ;
Et duſſai-je échoüer dans le Panégirique,
J'aime mieux loüer mal, que de médire bien.

LE GENIE.

Je ne puis m'empêcher d'en rire,
Et je trouve le trait auſſi neuf que charmant ;

COMEDIE.

Momus qui me prie inſtamment
De le diſpenſer de médire !
Adieu. Je vais, Seigneur, publier hautement,
Que Momus a quitté, dépoſant ſon tonnerre,
L'uniforme du regiment ;
Qu'à l'avenir, toute la terre
Peut être ridicule, & folle impunément,
Et qu'il fait en ces lieux trafic de compliment ;
Que ſans contribuer à l'intrigue comique,
Et ſans ſervir au dénoument,
Tout Perſonnage épiſodique,
Peut à ſes yeux paroître hardiment,
Beauté, Laidron, Roturiere, Marquiſe,
Vieille, tendron piquant,
Honnête homme, Fripon, Ignorant & Sçavant,
Les vertus, les défauts, l'eſprit & la ſottiſe ;
Que vous loüez, enfin, tout indifferemment,
Et qu'au premier venu d'une main liberale,
Vous prodiguez l'encens dans cette ſale,
Sans ſçavoir pourquoi, ni comment.

MOMUS.

Allez, vous me forcez de quitter l'ironie ;
A mes yeux ne vous offrez plus.
Si de ce ſiecle heureux vous êtiez le génie,
Vous feriez plus de cas des ſolides vertus.

SCENE V. ET DERNIERE.
MOMUS, TERPSICORE.

TERPSICORE.
Seigneur, la Muse de la Danse
Vous fait son humble réverence.
MOMUS.
A loüer vos brillans appas,
Déesse, désormais ma bouche est destinée.
TERPSICORE.
Vraiment, Momus est galant cette année.
MOMUS.
La noblesse de vos pas,
La mollesse de vos bras,
La langueur de vos yeux, tant leur puissance est grande,
Enchantent tout Paris dans une Sarabande;
De vous revoir il ne se lasse pas.
TERPSICORE.
Quel éloge! La noblesse,
La mollesse, la tendresse
De mes pas, de mes bras, de mes yeux!
Parler de Sarabande aujourd'hui! Justes Dieux!
On voit bien qu'à loüer Momus manque d'adresse,

Et

COMEDIE.

Et je viens vous prier de réformer son goût.
MOMUS.
Monsieur, sur le vôtre sans doute ?
CHRISANTE.
Ne pensez pas railler, tout n'en iroit que mieux
S'il suivoit aujourd'hui mon goût judicieux ;
La raison fixeroit son esprit trop volage,
Et lui feroit tenir une route plus sage.
On verroit moins d'abus : La prudence & la paix
Dans tous les lieux publics regneroit à jamais.
Nuls orages sur tout, nul flots, & nuls obstacles,
Ne troubleroient, Seigneurs, les tranquilles Spectacles ;
On n'entendroit plus de Sifflets :
L'humanité condamne un instrument si triste.
Je ne m'en suis servi jamais que contre Inès,
Contre Zaïre, & contre Rhadamiste.
MOMUS.
Qui vous rend leur Antagoniste ?
CHRISANTE.
Belle demande ! Leur succès.
Le sentiment commun est toûjours le mauvais,
Je vous l'ai déja dit, c'est pourquoi j'y résiste.
Par la même raison je me pique aujourd'hui
D'être le Chevalier des Pieces malheureuses.
Mes poulmons éloquens & mes mains genereuses

Combattent pour leur cause en dépit de l'ennui,
Et tout Auteur qui tombe en moi trouve un appui.

MOMUS.

Voilà des sentimens tout à fait charitables.
Mais entre-nous, mon cher Monsieur,
N'auriez-vous point pitié de vos semblables ?
Et du Public qui cause votre aigreur,
N'auriez-vous pas vous-même éprouvé la rigueur?

CHRISANTE.

Il m'a brusqué, Seigneur, une fois en ma vie ;
Mais à la charge il n'est plus revenu,
Car je m'en suis fort sagement tenu
A ma premiere Tragedie.

MOMUS.

Je ne m'étonne plus de votre antipathie.

CHRISANTE.

J'ai l'avantage maintenant
De le contrarier sans cesse,
Et de me déchaîner contre son jugement
Sans redouter sa fureur vengeresse.
C'est pour joüir de ce contentement
Que je vais à la Comedie.
Critique-t'il ? J'apologie.
Applaudit-t'il ? Je suis ardent
A faire la contre-partie.
Ce qui me flatte enfin, & qui doit le piquer,

COMEDIE.

Puisqu'avec vous il faut que je m'épanche,
C'est qu'il n'a jamais pû qu'une fois m'attaquer,
Et qu'il me donne, lui, tous les jours ma revanche.

MOMUS.

Je ne puis m'empêcher de blâmer hautement
Une conduite si peu sage.

CHRISANTE.

Vous avez beau dans ce moment
Prendre sa Cause en main, à mon désavantage,
J'ai là dans mon cerveau le dessein d'un Ouvrage
Qui vous fera bien-tôt changer de sentiment.
Vous l'allez applaudir je gage :
Son titre seul est un bon pronostic.

MOMUS.

Quel est donc ce dessein digne de mon suffrage ?

CHRISANTE.

C'est la critique du Public ;
Ses écarts démontrés par sa propre conduite,
Par son peu de lumiere ou son peu d'équité,
Et son infaillibité
Totalement détruite
Par tous ses jugemens pleins de prévention,
D'erreur, de contradiction,
Par ses gestes & dits, qui n'ont ni fin ni suite.

MOMUS.

Le projet est nouveau ! Mais voudriez vous bien

L'APOLOGIE DU SIECLE,

Et me détailler & m'apprendre
Ce que dans le Public vous trouvez à reprendre,
Soit dans ses actions, soit dans son entretien?

CHRISANTE.

Mille travers, mille bévûës;
Son goût pour le clinquant dont il est le soûtien,
Et pour la nouveauté qu'il porte jusqu'aux nuës,
Ou qu'il met au-dessous de rien;
Car jamais il ne garde un milieu raisonnable.
Chez lui tout est divin ou tout est miserable.
Sa fureur pour la mode & pour tout charlatan;
Tous les usages fous dont il est Partisan;
Toutes ses politesses fades,
Ses visites, ses embrassades,
Et ses saluts du premier jour de l'an;
Du Carnaval ses Mascarades;
Du Mardi gras son transport calotin,
Et son air sot le lendemain.
Son exercice aux Thuilleries,
Ses caracols, ses lorgneries;
Aux Spectacles ses flots, ses vertiges frequens,
Ses battemens de mains donnés à contre-tems;
Toutes ses moucheries,
Ses bâillemens, ses crachemens
Aux endroits les plus beaux, les plus interessans;
Son ridicule étrange

De recevoir avidement
La plus insipide loüange,
Qu'on lui retourne incessamment
Dans un Prologue ou dans un Compliment.
Sa rage opiniâtre
De crier presqu'à tout moment,
Place aux Dames! Place au Théatre!
Parlez plus haut! L'habit noir, chapeau bas!
Paix! Monsieur l'Abbé, haut les bras!
Annoncez! Bis! La capriole!
Et pour tout dire enfin, l'insupportable rôle
Qu'il fait, dès qu'au Parterre il se trouve pressé.
Ce qui revolte l'ame & fait hausser l'épaule
A tout homme de goût, à tout homme sensé.

MOMUS.

Vous peignez là la multitude
Mere du tumulte & du bruit,
Que n'arrête aucun frein, que l'exemple séduit,
Qu'entraîne la coûtume, ou l'aveugle habitude,
Et non le vrai Public, avec choix assemblé,
Tel qu'on le voit paroître
Aux Jeux d'un Théatre reglé,
Quand il écoute en sage, & qu'il prononce en maître,
Ses arrêts qui le font si dignement connoître,
Et dont nul avant vous n'a jamais appellé.

CHRISANTE.

Vous nous repréfentez une belle chimere :
Le Public que nous connoiffons
Tient juftement un chemin tout contraire,
Et pour en appeller, j'ai de bonnes raifons :
Quand dans fa fougue extrême
Il juge fans entendre & s'inftruire du fonds,
Et qu'il fe contredit à chaque inftant lui-même
Par fes Oüis, & par fes Nons.
Je porte ici de quoi prouver la chofe :
Tenez, lifez, fans attendre plus tard,
Vous verrez qu'il approuve & condamne au ha-
zard
Et fans connoiffance de Caufe.
Seigneur, la lifte que voilà
Fait voir en plein fon injuftice,
Sa legereté, fon caprice,
Et fon goût dépravé qui toûjours l'emporta.

MOMUS.

Non, j'ai fait vœu de ne plus lire
Aucun Libelle ni Satire.

CHRISANTE.

Oh, parbleu, tout au moins, Momus m'écoutera.
(*Il lit.*)

Piece que le Public a applaudie, & qu'il devoit fifler.
La Comedie aux quatre Etoiles.

COMEDIE.
MOMUS.
A rire malgré moi sa colere m'excite.
CHRISANTE.
C'est ici que je vous attens.
Je vous défie en ces instans
De me justifier sa folle réüssite.
MOMUS.
Le Ballet lui seul la mérite.
CHRISANTE.
Vous êtes ami de l'Auteur.
MOMUS.
Non, je le suis de la douceur ;
Et le Public a dû son indulgence
A qui s'efforce uniquement
De le divertir noblement,
Et dans l'exacte bienséance.
CHRISANTE.
L'exacte bienséance ? Ah ! le trait est fort bon !
Oui, rien de plus décent que Finette & Marton.
Deux hommes travestis, qui pour servir leur flâme,
Se font dans la même maison
Femmes de Chambre de Madame,
Et qui semblent tous deux s'être donné le mot
Pour ce déguisement falot !
Une telle conduite blesse,
La vraisemblance autant que la sagesse.

Quel fonds de Comédie! O ciel! Où sommes nous?
L'encens que vous donnez me fait rougir pour vous.
Vous nous vantez les mœurs (la chose est sans égale)
D'un ouvrage effronté, qui de sens dépourvû,
    Peint l'indécence tout à nû,
Et qui précisément ouvre par le scandale.

MOMUS.
C'est pour finir par la vertu.

CHRISANTE.
Quel raisonnement biscornu!
Et quand ils vont tous deux habiller la Marquise,
    Hem! Qu'est-ce que vous en pensez?

MOMUS.
C'est la premiere fois.

CHRISANTE.
    N'en est-ce pas assez
Pour qu'un esprit bien né, morbleu, s'en scandalise.

MOMUS.
Passons.

CHRISANTE.
J'ai donc raison, & vous le confessez.
(Il continuë à lire.)
Actrice que le Public a bien reçûë, & qu'il devoit proscrire. PHEDRE.

COMEDIE.
MOMUS.
Tout doucement, Monsieur, respectez cette Actrice ;
Sçachez que le Public l'approuve avec justice :
    Ce qui lui manque est un défaut léger
        Que six mois peuvent corriger ;
Mais tous les dons heureux qu'au Théatre elle étale,
Cette ame, ces éclats, & ces sons séduisans,
      Sont des faveurs & des présens
      De la Nature liberale
    Qu'on ne sçauroit acquerir par le temps :
Fuyant le ton servile & le jeu monotone,
A son feu naturel son ame s'abbandonne ;
Dans son brillant essai qu'applaudit tout Paris,
Le suprême talent se dévelope en elle ;
Et prenant un essor dont les yeux sont surpris,
Elle ne suit personne, & promet un modele.
CHRISANTE.
J'écoute en frémissant cet éloge parfait.
Adieu, Seigneur, adieu, je quitte la partie :
      Après un pareil trait
Le Public me révolte ; & qui le justifie
      Ne peut être mon fait.
Je sçai qu'à nos dépens chargeant notre portrait,
Vous allez divertir le Peuple Poëtique ;

Tirer sur les passans fût toûjours votre tic.
Mais apprenez, Monsieur le Dieu caustique
Que qui se moque du Public,
Se moque aussi de la Critique,
Et de Momus, & de toute sa clique.

SCENE VI.
MOMUS seul.

Son ridicule est sans égal!
Tout singulier qu'il est dans sa folie,
C'est pourtant un Original
Qui dans Paris a plus d'une Copie,
Et souvent même il y donne le ton.
Quelle est la Dame qui s'avance?
O Ciel! C'est la Critique, évitons sa presence.
Apologiste par raison,
Momus ne doit plus avec elle
Avoir aucune liaison.

SCENE VII.
MOMUS, LA CRITIQUE.
LA CRITIQUE.

SEigneur, vous me fuyez? La chose est très-nouvelle.

COMEDIE.
MOMUS.

Pardon, l'état que je viens d'embraffer
A l'honneur de vous voir, me force à renoncer.

LA CRITIQUE.

Un pareil compliment, Seigneur, eft malhonnête,
Dans le tems que je viens vous donner une Fête;
D'en être le témoin tout vous fait un devoir.

MOMUS.

Je m'éloigne par modeftie,
Et je l'applaudis fans la voir.

SCENE VIII.
LA CRITIQUE *feule*.

Quel accueil furprenant ! A fa brufque fortie
Je ne comprens rien aujourd'hui.
Mais moquons nous de fon abfence,
Et dans ces lieux qui font de notre dépendance
Executons notre Balet fans lui.

SCENE IX.
LA CRITIQUE, LE VAUDEVILLE.

LE VAUDEVILLE.

AIR, *Souffrez que je dreſſe.*

Votre aſpect aimable,
Critique agréable.
Votre aſpect aimable
M'attire en ces lieux :
Daignez à mes vœux
Vous montrer favorable.
Votre aſpect aimable
M'attire en ces lieux.

LA CRITIQUE *recite.*

Ayez la bonté de m'apprendre
Qui vous êtes premierement,
Beau Chanteur qui venez me rendre
Viſite ſi gayment.

LE VAUDEVILLE.

Je ſuis ma belle Reine,
Flon, flon, larira dondaine,
Un Dieu plaiſant & gai gai
Larira dondé,
Soûmis à votre Empire,
Ta la rari ta la ra rire,

COMEDIE.

Et dans la nouveauté couru
Lanturlu, lanturlu.
A la Cour, à la Ville
Je celebre Jean Gille ;
Et de Bacchus & de l'Amour,
La nuit & le jour,
Je chante la, la, la, la, la,
Je chante la Folie.
J'amuse, tour à tour,
La laide & la jolie,
L'Homme d'Esprit & le Nigaut,
La mirtan plan lantirelarigaut.
Par mes tourelourirettes
Je mets en train les Fillettes,
Et je leur fais faire un faut,
Deux sauts.
Ma puissance est entiere
Tout le long de la Riviere ?
Et je mets tout dans mes airs fous
Sans dessus dessous,
Sans devant derriere :
Mon caprice est mon seul Roi
Et toute la Terre est à moi.

LA CRITIQUE *recite.*

A ce langage, à ces refreins
Je reconnois le Vaudeville,

Qui fait les plaisirs de la Ville,
Et l'ame de tous les festins.
LE VAUDEVIlE *chante.*
AIR, *tu croyois en aimant Colette.*
Oüi, de Comus que je fais rire
Je suis le plus cher Favori.
LA CRITIQUE *chante.*
Je ne m'étonne plus, beau Sire.
Si vous êtes si bien nourri.
(*Elle recite.*)
Mais dans ces lieux quel sujet vous améne?
LE VAUDEVILLE.
AIR, *Quel plaisir de voir Claudine.*
C'est mon penchant qui m'entraîne,
Madame, vers vos attraits,
Daignez annoblir ma veine,
Et me prêter tous vos traits.

AIR, *la bonne avanture o gué des trois Cousines.*
Comme vous du monde entier
Je fais la Censure,
Mon plaisir & mon métier
Sont toûjours de publier.
La bonne avanture,
O gué,
La bonne avanture.

AIR

COMEDIE.

AIR, *Quand le peril est agréable.*

Je fais seul l'étude profonde
Des jeunes Robins d'à present,
Et tout le sçavoir éminent
   Des Abbés du grand monde.

AIR, *Le Ciel benisse la besogne.*

De ces Messieurs le plus souvent
L'esprit est un recüeil vivant
De mes Chansons les plus badines.

LA CRITIQUE

Pour ne pas dire libertines.

LE VAUDEVILLE.

Tout Couplet de ce genre est d'un sel enchanté;
   Dans un repas aimable.
 Il est toûjours le plus goûté.

LA CRITIQUE.

Mais du beau Sexe il n'est point écouté.

LE VAUDEVILLE *chante.*

AIR, *On passe les nuits à Table.*

Que chanté d'un air aimable
Il fasse rougir sa fierté;
   Voilà la Fable :
Mais qu'il en sourie à table,
Que son goût en soit flaté;
   Voilà la Verité.

LA CRITIQUE.

AIR, *Pour passer doucement la vie.*

Oh ! je vous trouve condamnable
En ce point là précisement :
Vous rendez le vice agréable,
En lui prétant votre enjoûment.

(*Elle recite.*)

Il faut pour plaire même au grand nombre de Femmes
Qui ne sçauroient vous chanter sans rougir.
Vous corriger & m'obéïr.

LE VAUDEVILLE.

Me voir employé par les Dames
Fait mon plus grand plaisir.

(*Il chante.*)

AIR. *L'auftere Philosophie.*

Oüi, ma gloire véritable,
Et mon triomphe certain
Est quand leur bouche adorable
Me chante, le verre en main :
A mes couplets tous leurs charmes
Semblent s'imprimer soudain ;
L'Amour alors n'a point d'armes
Plus sûres que mon refrein.

LA CRITIQUE *recite.*

La Table fut toûjours votre Champ de bataille,

COMEDIE.

Et le Fils de Vénus votre Dieu favori.
LE VAUDEVILLE.
Pour l'honneur de ce Dieu, dont je suis fort chéri,
Il est vrai, toûjours je travaille ;
(*Il recite*)
Selon l'objet, selon l'occasion,
Je sçais adroitement changer d'air & de ton :
Je prens ce dernier pour mon guide ;
Car soit caprice, ou soit raison,
Dans le monde toûjours, c'est le ton qui décide.
Si je veux, par exemple, enflammer un tendron,
Encore novice & timide,
Ma voix lui glisse, ainsi, doucement son poison.
(*Il chante.*)
AIR, *D'un Zephir mutin.*
Voyez un Amant
D'amour tout ardent,
Dont votre air enchanteur
S'est rendu vainqueur ;
Fixez vos beaux yeux
Sur les miens pleins de feux,
Dans un combat si doux
Engagez-vous :
Que ma flame
Dans votre ame
Porte mes brûlans soûpirs ;

D ij

De ma peine,
Belle Reine,
De tous mes desirs
Faites des plaisirs.
Voyez un Amant, &c.
(*Il recite.*)
Si je rencontre en mon chemin
Une Beauté plus aguerrie,
Et dans le grand Monde nourrie :
Je prends alors un ton plus vif & plus badin;
Et sans perdre le tems en des discours frivoles,
Voici comment je change d'air soudain
Sans changer de paroles.
Il chante. AIR, *Laissons-nous charmer.*
Voyez un Amant
D'amour tout ardent,
Dont votre air enchanteur
S'est rendu vainqueur;
Fixez vos beaux yeux
Sur les miens pleins de feux,
Dans un combat si doux
Engagez-vous :
Que ma flame
Dans votre ame
Porte mes brûlans soûpirs;
De ma peine,

COMEDIE,

Belle Reine,
De tous mes defirs
Faites des plaifirs.
Voyez un Amant, &c.

LA CRITIQUE *recite.*

Vous êtes, je l'avouë, un dangereux Fripon,
　　Monfieur le Vaudeville:
Moi-même, en cet inftant, feduite par le ton,
J'ai peine a vous entendre avec un coeur tranquille.

LE VAUDEVILLE.

Ah! vous avez raifon
D'être fenfible à ma Chanfon.
(Il chante.)
Pour plaire à vos yeux je me tourne, tourne, tourne,
　　Je me tourne de tout côté.
　　L'Air que je tourne, & je retourne,
　　C'eft pour vous que je l'ai chanté.
　　　Vers votre Amant
　　Votre bel œil fe tourne,
　　　Tourne tendrement;
Qu'un doux baifer!.. encor que j'y retourn[e]

LA CRITIQUE.

N'y retournez plus vraiment.

LE VAUDEVILLE.

AIR, *Chantez petit Colin.*

Ce baiser innocent,
Cette faveur legere,
Cet baiser innocent
De votre cœur m'est-il garant ?

LA CRITIQUE.

La Critique est sincere,
Vous avez sçû me plaire,
Puisque je le dis ;
Vos airs, quoique pris,
Charment mes esprits.

LE VAUDEVILLE.

AIR, *Premier Menuet.*

Quelle douceur
Dans mon cœur
Vient répandre un aveu si flateur !
Quelle douceur
Dans mon cœur
Répand mon bonheur !
De votre sel piquant
Naît mon agrément ;
Pour unir leurs traits
Nos esprits sont faits ;
Comblez mes souhaits :
Je vous adore & je vous plais.

COMEDIE.
AIR, *Second Menuet.*

Votre amour, quand on lui plaît,
Se taît.

LA CRITIQUE.

Qui se taît, communément,
Se rend.
Notre gloire est d'être unis :
Vous deviendrez plus sage,
Ecoutant mes avis ;
Et vos Airs réjoüissans,
Vos Chants,
Vont me rendre moins sauvage.
Tous deux nous allons unir
L'Enjoûment aux leçons, la Sagesse aux plaisirs.

LE VAUDEVILLE.
AIR, *Troisième Menuet.*

O Journée
Douce & fortunée !
Que de biens à ces lieux
Promettent ces beaux nœuds !
Que d'Ouvrages
Hardis, piquans, mais sages ;
De Traits heureux,
De Badinages,
De Jeux,
D'airs fameux

Vont naître de nous deux !
O Journée, &c.

DIVERTISSEMENT.

MENUET.

Chantons du Citadin,
Chantons les mœurs faciles,
Chantons du Citadin
L'esprit agréable & badin ;
 Les femmes sont civiles,
 Les maris sont tranquiles,
  Les tendrons sçavans
  Trompent à quinze ans
  Leurs bonnes Mamans.

AIR.

Dans ce Siécle tout est charmant,
Tout est poli, tout est galant,
Tout possede le don de plaire,
Et le plus sot paroît brillant ;
Avec beaucoup d'esprit on ment.
 On se trompe joliment,
Et la beauté la plus severe
 Ne l'est qu'un petit moment.

COMEDIE.

VAUDEVILLE.

REgardons en beau le monde ;
Trop poli pour qu'on le fronde.
Approuvons également ;
Qu'on pardonne, ou qu'on se venge,
L'un est juste, & l'autre est grand ;
Tout est digne de louange.

Qu'à sa guise chacun aime,
Ne blâmons aucun sistême.
On doit suivre son panchant.
C'est sagesse quand on change,
Vertu quand on est constant :
Tout est digne de loüange.

FIN.

E

www.ingramcontent.com/pod-product-compliance
Lightning Source LLC
LaVergne TN
LVHW022143080426
835511LV00007B/1240